Upps, komm Zähne putzen!

Eine Geschichte von Ursel Scheffler
Mit Bildern von Jutta Timm

arsEdition

1. Das Upps ist wieder da!

„Warum dürfen große Leute länger aufbleiben?", grübelt Lucas. „Das ist ungerecht!"
Er steht im Schlafanzug am Fenster und sieht in den Garten hinaus. Da sitzen Papa, Mama,
Oma und die Nachbarn von gegenüber. Sie lachen und unterhalten sich.
Dreimal war er schon draußen. Immer hat ihn Mama wieder ins Bett geschickt. Auch jetzt
eben, als er Oma seine Zahndose zeigen wollte mit den beiden Zähnen, die vor einiger Zeit
herausgefallen sind. Und jetzt wackelt schon wieder einer! Wenn er mit der Zunge dranstößt,
kann er ihn schon flach umbiegen.

Der Mond malt einen breiten, hellen Streifen auf die Fensterbank. Der Lichtstrahl sieht fast
wie eine Straße aus. Lucas' Gedanken wandern auf der Mondscheinstraße in die Nacht
hinaus. Er muss an das Upps denken. An das liebenswerte kleine Monster vom Planeten Maxnix,
das eines Abends plötzlich auf seiner Fensterbank saß. Keiner konnte es sehen außer ihm.
Es gehörte ihm ganz allein. Er hat ihm ein bisschen gutes Benehmen beigebracht.
Und sie hatten viel Spaß miteinander.
Ach, wenn es nur wiederkäme! Sein Bettchen steht frisch aufgeschüttelt
in der Spielzeugecke. Auch die Streichholzschachtel mit dem Kamm
und der winzigen Puppen-Zahnbürste …
Gerade als Lucas wieder ins Bett krabbelt, blitzt und blinkert es
vor dem Fenster. Als ob ein Auto mit aufgeblendeten
Scheinwerfern am Fenster vorbeifährt. Und dann
klopft jemand an die Scheibe.

Lucas springt aus dem Bett und läuft ans Fenster.
Träumt er, oder ist der kleine Schatten auf
der Fensterbank tatsächlich das Upps?
Sein Upps! Lucas reißt das
Fenster auf und ruft:
„Ey! Tatsächlich!
Du bist es! Upps,
liebes Upps!"

2. Das Upps will Schulzähne haben

„Normal sagt man *Guten Aaaamd!*", quiekt das Upps. „Hast du das vergessen?"
„Nichts hab ich vergessen!", ruft Lucas und lässt das kleine struppige Monster auf seine Hand klettern. „Guten Abend, Upps! Du hast ja ganz kalte Füßchen!"
„Bin auch mit Lichtgeschwindigkeit auf der Mondscheinautobahn durch das Weltall gerast", grinst das Upps und kuschelt sich behaglich in die warme Hand.
Da muss Lucas lachen. Das kleine Monster deutet auf die Zahnlücke in Lucas' Mund und kichert: „Hihihi!! Wie siehst du denn aus? Wer hat dir die Zähne geklaut?"
„Ich selber. Die haben gewackelt, und dann hab ich sie herausgedreht."
„Auweia!", sagt das Upps. „Hats wehgetan?"
„Nur ein klitzekleines bisschen", sagt Lucas.
Upps klettert von Lucas' Hand, läuft zu seinem Bettchen und ruft:
„Das kommt davon!"
„Wovon?", fragt Lucas erstaunt.

„Weil ihr Menschen mit Schrubbern die Zähne fegt", meint das Upps.
„Du meinst, das kommt vom Zähneputzen?"
„Ja, vom Schänepuschen!", nickt das Upps. „Oder nicht?"
„Falsch geraten, Gänsebraten!", sagt Lucas. „Das kommt davon, dass bei allen Kindern die Milchzähne herausfallen, wenn sie alt genug dafür sind."
„Alt genug wofür?"
„Alt genug, um bald in die Schule zu gehen. Da wachsen dann die Schulzähne. Die brauchen mehr Platz als die Milchzähne."
„Hab noch alle meine Knilchzähne", sagt das Upps und fährt mit seinem grünen Zeigefinger an seinen winzigen Zähnchen entlang.
„Es heißt Milchzähne!", verbessert ihn Lucas und lacht.
„Will auch Knilch-Milch- äh, Schulzähne haben!", mault das Upps.
„Erst muss dein Mund groß genug dafür sein!"
„Mein Mund ist gaaaanz groß!", ruft das Upps und reißt den Rachen auf, dass man seine winzigen Monsterzähnchen sehen kann.
Plötzlich hört man Weinen aus dem Nebenzimmer.
„Oje. Das ist Anna!", seufzt Lucas. „Bestimmt hat sie ihren Schnuller aus dem Bett geworfen!"

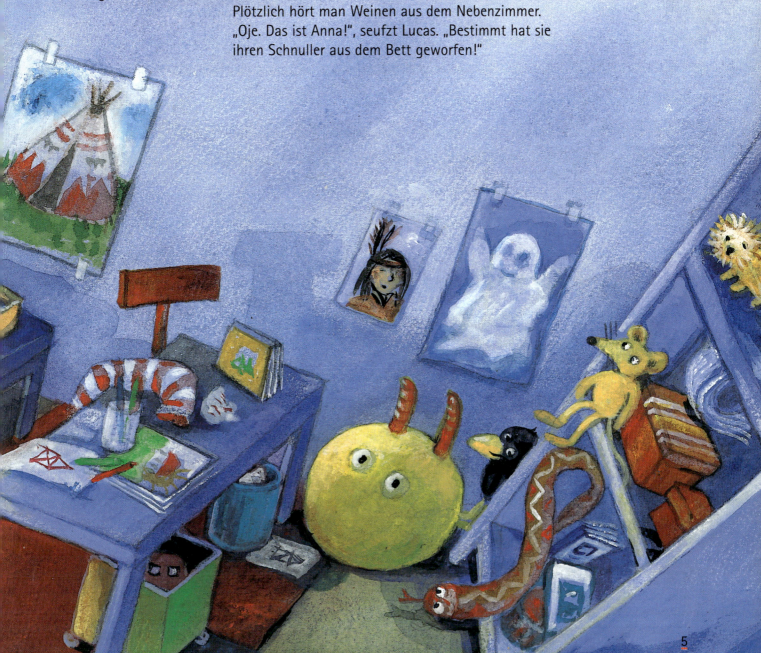

3. Baby Annas neuer Zahn

Anna hockt in ihrem Bettchen und heult. Sie versucht die Händchen in den Mund zu schieben. Das Upps hopst auf die Bettkante und ruft: „Igitt, die sabbert ja! Das ganze Kissen ist nass. Darf die das?"

„Babys sabbern immer, wenn sie Zähnchen kriegen", sagt Lucas. „Das drückt und tut weh. Anna kriegt gerade einen neuen Zahn. Mama gibt ihr immer einen Beißring. Das kühlt ein bisschen. Da ist er ja. Sie hat ihn aus dem Bett geworfen."

Lucas hebt den Beißring vom Boden auf und lässt im Badezimmer kaltes Wasser darüber laufen. Dann gibt er ihn seiner kleinen Schwester. Die schiebt ihn in den Mund und kaut darauf herum.

„Will auch ein Beißding", sagt Upps.

„Das ist nur für Babys. Genau wie Schnuller und Nuckelflaschen!", sagt Lucas. „Du kriegst ein Stück Banane, wenn du möchtest. Bestimmt bist du hungrig von der weiten Reise!"

„Au ja! Bitte, Banaaaane!", quiekt das Upps und freut sich, dass Lucas nicht vergessen hat, dass Bananen seine Leibspeise sind. Er hüpft ausgelassen hinter Lucas her in die Küche. Als das Upps wenig später satt und zufrieden in seinem Bettchen liegt, schläft es augenblicklich ein. Lucas deckt es gut zu, damit es sich nicht erkältet.

Dann fallen Lucas ebenfalls die Augen zu.

4. Der Wackelzahn

Als Lucas' Mama am nächsten Morgen das Obst für das Frühstücks-Müsli schnippelt, fragt sie verwundert: „Wer hat denn die beiden Bananen gegessen? Gestern lagen noch fünf im Obstkorb."
„Ich wars nicht", sagt Papa und blättert weiter in der Zeitung.
„Upps – äh, das war ich", murmelt Lucas verlegen.
Mama wundert sich, denn normalerweise mag Lucas Bananen nicht besonders.
„Übrigens: Der dritte Zahn ist raus!", sagt Lucas zu seiner Mama, um sie abzulenken.
Er legt das Papiertaschentuch mit dem Beweisstück auf den Tisch.
„Hats wehgetan?", erkundigt sich Mama.
„Kein bisschen", versichert Lucas. „Und der vierte wackelt auch!"

Lucas schaukelt den Zahn mit der Zunge hin und her. Dann spült er Zahn Nummer drei und legt ihn in die kleine Zahndose zu den anderen beiden.
Das Upps kichert. Es hat sich inzwischen einen Strohhalm besorgt und trinkt heimlich aus Papas Tasse. Als Papa die Zeitung weglegt, ist die Tasse leer. Und Upps versteckt gerade noch rechtzeitig den Strohhalm.
„Nanu", murmelt Papa verwirrt. „Ich hätte geschworen, da war noch jede Menge drin. Na gut, ich muss sowieso los! Tschüs, ihr drei!"
„Ihr vier", verbessert ihn das Upps.
„Bis vier? Nein, ich komme leider erst um sechs!", sagt Papa zu Lucas.
„Ich meine: Vier Zähne sind bald raus!", sagt Lucas schnell. Er reißt den Mund weit auf, damit Papa die Lücken bewundern kann.
„Ab ins Bad", sagt Mama nach dem Frühstück zu Lucas. „Deine Hände kleben vom Honig. Und Zähneputzen nicht vergessen!"

Merke dir:

Zahnteufelchen liiieben Süßigkeiten. Auch Monster sollten nicht vergessen, täglich etwas Obst zu essen.

An apple a day keeps the doctor away.

Obst und Gemüse,
Milch und Quark:
Davon werden Zähne stark!

Iss nicht so viele Zuckersachen, weil sie die Zähne mürbe machen.

Wenn die Zähne ständig kleben, haben sie ein kurzes Leben!

5. Das Upps lernt Zähneputzen

Das Upps hopst hinter Lucas her ins Badezimmer. Es klettert auf das Waschbecken, baumelt mit den Beinchen und sieht Lucas beim Zähneputzen zu.
„Musst du auch die Lücken putzen?", fragt es neugierig.
„Nein", lacht Lucas. „Die spüle ich nur mit Wasser aus. Sieh mal: so!"
Er gurgelt mit Wasser aus dem Zahnputzbecher.
„Ich mag Zähneputzen. Man hat danach einen frischen Geschmack im Mund."
Das Upps probiert mit seinem kleinen Fingerchen die Zahnpasta und sagt:
„Mhm, smeckt gut. Auch frisch smecken. Auch Schänepuschen. Wo ist meine Schahnbürschte?"
„In der Streichholzschachtel neben deinem Bett!", sagt Lucas.
Das Upps flitzt los, holt seine winzige Zahnbürste und schrubbt damit wie ein Wilder im Mund herum und ruft: „1, 2, 3 schwupps – Schänepuschen kann das Upps!"

„Haaaaalt! Falsch, ganz falsch!", lacht Lucas. „Nicht wild herumschrubben, sondern sanft in kleinen Kreisen bürsten! Sieh mal, so ..."
Das Upps lernt schnell. Es putzt die Zähne oben, außen und innen. Genau wie Lucas es ihm vormacht. Aber als Lucas einen Augenblick nicht hinguckt, hopst es auf der Zahnpastatube herum wie auf einem Trampolin und quiekt vergnügt: „Hihi! Ich kann Wurst machen!"
„Upps! Lass das!", ruft Lucas ärgerlich, als er die Bescherung entdeckt.
„Manno. Wollte bloß mal schauen, wie viel in der Tube drin ist", schmollt das Upps.

Merke dir:

Zahnteufelchen verjagt man mit Zahnpasta.

6. Von Naschkatzen und Lückenputzern

Um halb acht Uhr klingelt es. Maja steht vor der Tür. Sie will Lucas abholen.
„Ich komme gleich!", ruft Lucas. „Muss bloß noch meine Turnsachen holen!"
Er läuft noch mal in sein Zimmer zurück und schnappt sich den Turnbeutel.
Darin sitzt das Upps. Es hat versprochen, unsichtbar zu bleiben, keine lauten Töne
von sich zu geben und niemanden zu ärgern.

Am Kiosk neben der Schule herrscht ziemliches Gedrängel. Einige Kinder kaufen schnell
noch Süßigkeiten von ihrem Taschengeld.
„Heute kommt der Schulzahnarzt. Ich hab meine Zähne extra gut geputzt", sagt Maja.
„Ich auch", sagt Lucas. Er grinst. „Besonders die Lücken."
„Lückenputzer!", kichert das Upps im Turnbeutel.
„Was war das?", fragt Felix und bleibt überrascht stehen.
„Ach nichts", sagt Lucas. „Ich glaube, mein Magen blubbert. Hab zu viel Kakao zum
Frühstück getrunken."
„Und ich hab mir eingebildet, da hätte einer so etwas wie Lügenpupser gesagt!", murmelt
Felix und grinst frech.

12

7. Von fiesen Zahnteufelchen

In der Kästner-Schule hat jedes Vorschulzimmer einen eigenen Namen.
Lucas, Maja, Max und Felix gehen in die Piratenklasse.
An der Tür ist ein großes, buntes Segelschiff aus Holz befestigt.
Die anderen Piraten sind schon da. Und Frau Römer, die Lehrerin.
Neben der Tafel hängt heute ein großes Poster mit einem Zahn drauf.
„Der Schulzahnarzt kommt, au Backe!", schnauft Anna. „Das hatte ich ganz vergessen."
„Erst nach der Frühstückspause!", sagt Frau Römer.
„Dann ess ich in der Pause nichts. Ich hab nämlich heute Morgen extra die Zähne
geputzt", murmelt Katja.
„Die Zähne muss man immer putzen. Auch wenn der Zahnarzt nicht kommt",
bemerkt Alex. „Sonst freuen sich die Zahnteufelchen! Das hast du doch gestern gehört."
Jetzt wollen alle unbedingt noch mal die Geschichte von den Zahnteufelchen hören,
die Frau Römer am Vortag erzählt hat. Von den gefährlichen Kerlchen, die sich riesig freuen,
wenn Kinder die Zähne nicht putzen, weil sie dann Löcher in die Zähne knabbern
und in den gemütlichen Höhlen wohnen können.
„Gibt es die Zahnteufel wirklich?", fragt Lilli.
„Ja. Sie heißen allerdings Bakterien und sind so winzig, dass man sie mit bloßen Augen nicht
sehen kann", sagt Frau Römer. „Wenn man die Zähne nicht pflegt und sich nicht gesund
ernährt, zerstören sie den Zahn, wie die Teufelchen in unserer Geschichte."

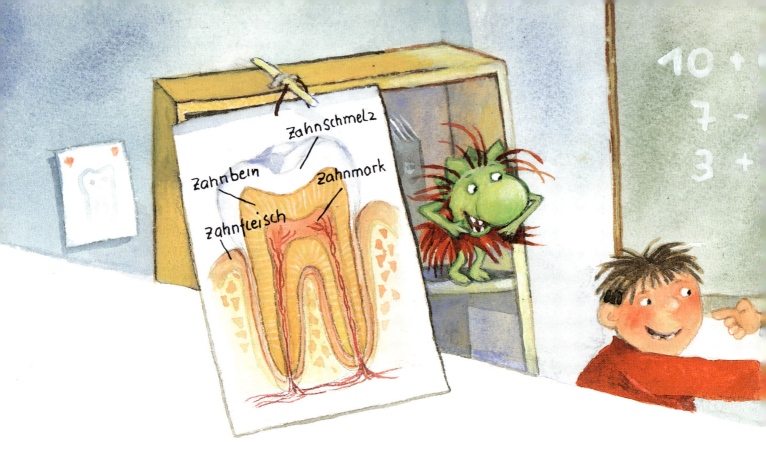

8. Der Schulzahnarzt kommt

Nach der Pause kommt der Zahnarzt. Er heißt Dr. Lücke und ist sehr nett. Die meisten Kinder kennen ihn schon vom letzten Jahr.
Das Upps hockt im Bücherregal und beobachtet alles genau. Auf dem Planeten Maxnix gibt es nämlich keine Schulzahnärzte und keine Zahnbürsten. Monster sind zu faul zum Zähneputzen. Die meisten Monster haben deshalb schwarze Zähne und stinken aus dem Rachen. Da kann man nichts machen. Das Upps nimmt sich vor, genau aufzupassen, was man tun muss, damit die Zähne gesund bleiben. Denn es möchte seine Zähnchen nicht verlieren. Vor einem zahnlosen Monster fürchtet sich schließlich keiner!
Als Erstes müssen alle Kinder der Reihe nach den Mund weit aufmachen. Dr. Lücke sieht sich die Zähne genau an. Auch auf der Rückseite. Dafür benutzt er einen kleinen, runden Spiegel an einem Stiel.
„Wieso putzt man eigentlich die Milchzähne, wenn sie sowieso rausfallen?", fragt Max, als er an der Reihe ist. „Das ist doch Zeitverschwendung!"
„Die Milchzähne sind die Platzhalter für die zweiten Zähne. Wenn sie krank sind und zu früh herausmüssen, wachsen die zweiten Zähne meist krumm und schief nach. Und ihr wollt doch alle schöne gesunde Zähne?"
„Klar!", sagt Katja. „Deshalb gibts bei uns zu Haus keine Lollis und süße Limos!"
„Man darf überhaupt keine Süßigkeiten essen!", ruft Felix mal wieder übereifrig dazwischen. „Sonst kriegt man Löcher in den Zähnen."
„Das nennt man Karies!", sagt Maja und ist stolz, dass sie das schwere Wort kennt.
„Ihr wisst schon eine Menge", sagt Dr. Lücke. „Aber jetzt sag ich euch etwas Schönes. Man darf schon etwas Süßes essen, wenn ..."
„... wenn man sich hinterher die Zähne putzt!", ergänzt Lucas.

Merkvers für Menschen und Monster:

Nach dem Essen
Zähneputzen nicht vergessen!

Man darf schon
mal was Süßes essen.

Doch Zähneputzen
nicht vergessen.

Wenn der Zahnarzt kontrolliert,
passt er auf, dass nichts passiert!

9. Vom richtigen Zähneputzen

„Die meisten von euch haben sehr schöne Zähne", sagt Dr. Lücke, als er mit der Untersuchung fertig ist. „Einige sollen sie jedoch noch besser putzen. Ein sauberer Zahn wird nicht krank, weil ihn die Bakterien nicht angreifen können. Wisst ihr, was Bakterien sind?"

„Na klar! Bakterien, das sind die Zahnteufelchen, die Löcher in die Zähne machen!", ruft der naseweise Felix dazwischen.

„Richtig!", sagt Dr. Lücke. „Deshalb ist es wichtig, dass wir diese Kerle vertreiben! Die besten Waffen gegen Zahnteufel sind Zahnpasta und Bürste."

Merke dir:

Putz dreimal täglich jeden Zahn!

Mit der Zahnbürste auf den **Kauflächen** hin und her putzen.

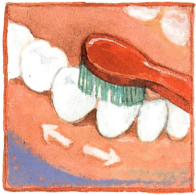

Außenseiten in Kreisbewegungen putzen und vom Zahnfleisch (Rot) zum Zahn (Weiß).

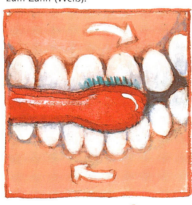

Innenseiten auch hier (sanft) von Rot nach Weiß bürsten.

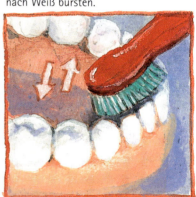

Dr. Lücke holt eine große Zahnbürste und ein großes Gebiss aus seinem Arztkoffer. Alle kichern, als er es auf- und zuklappt. „Beißt es?", fragt Max.

Dr. Lücke lässt sich nicht aus der Ruhe bringen: „Wenn dein Mund groß genug ist, kannst du es ja ausprobieren!" Er klappt das Gebiss weit auf. Dann nimmt er die große Bürste und zeigt, wie man die Zähne richtig putzt.

„Viele Kinder bürsten ihre Zähne viel zu ruppig. Seid nett zu euren Zähnen. Auf den Kauflächen der Backenzähne ist das kräftige Bürsten erlaubt. Die Außenflächen putzt ihr mit kleinen Kreisbewegungen." Er macht es am Gebiss vor. „Und dann fegt ihr die Zahninnenflächen wie mit einem Handfeger. Es gibt übrigens viele Leute, die putzen nur die Außenseite der Zähne! Warum ist das verkehrt?"
„Weil dann die Zahnteufelchen an der Innenseite angreifen!", ruft Lucas.
„Richtig!", sagt Dr. Lücke zufrieden. Er nimmt die große Zahnbürste und stellt sie mit den Borsten nach oben in den Becher. „Warum stelle ich die Zahnbürste verkehrt herum in den Becher?"
„Damit sie trocknet!", sagt Katja.
„Genau. Denn in feuchten Bürsten nisten sich gern Bakterien ein."

10. Lucas wird Zahnlückenkönig

Dr. Lücke deutet auf das Zahnmodell und sagt:
„Ein vollständiges Milchgebiss hat 20 Zähnchen."
Maja darf jetzt an dem Miilchgebiss die 8 Backenzähne zählen,
Lucas die 8 Schneidezähne und die 4 Eckzähne.
„Macht zusammen 20! 10 oben und 10 unten!", ruft der superschlaue Felix.
„Ich hab außerdem ganz unten noch 10 Zehen!", flachst Max. Er ist bekannt
für coole Sprüche.
„Später, wenn euer Kiefer größer ist, kommen noch 12 Backenzähne dazu."
„Das macht 32 Zähne. Mann, da muss man aber schrubben!", ruft Max.

Die Kinder haben noch viele Fragen. Dr. Lücke legt das große Gebiss zur
Riesenzahnbürste auf das Pult und dreht sich zu den Kindern um.

Jetzt hopst das Upps in das
Gebiss-Modell und untersucht
neugierig die Zähne.
Er stemmt den Kiefer auf und zu.

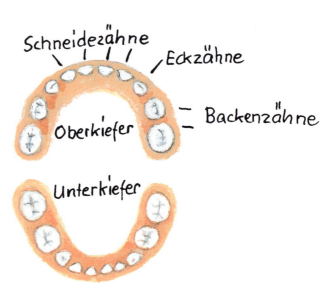

Was Zahnteufel (nicht) mögen:

Trockene Zahnbürsten sind
blitzsauberpfui!

Ich hasse Zahnpasta!
Riecht so peinlich reinlich.

Feuchte Zahnbürsten sind
sabberschlabberlecker!

„Upps!", ruft Lucas erschrocken. „Was ist los?", fragt der Zahnarzt und sieht zu Lucas hin.
„Äh – nichts!", schwindelt Lucas. „Ich hab nur Upps gesagt, weil mein Radiergummi runtergefallen ist!"
„Jetzt hab ich noch eine Überraschung für euch", sagt der Zahnarzt zum Schluss.
Er holt eine Pappkrone aus seiner Tasche.
„Eine Krone!", jubelt Katja. „Wählen wir wieder eine Zahnprinzessin, wie im letzten Jahr?"
„Nein!", sagt Dr. Lücke. „Es sind zu viele Prinzen und Prinzessinnen in eurer Klasse, die gut gepflegte Zähne haben. Da fällt mir die Wahl schwer. Deshalb hab ich beschlossen, einen Zahnlückenkönig zu ernennen." Er geht auf Lucas zu und setzt ihm die Krone auf.
„Lucas hat heute die meisten Lücken! Er ist unser Zahnlückenkönig. Aber nicht lange, denn ich hab gesehen, dass die neuen Zähne bei ihm schon nachwachsen."
„Stimmt!", bestätigt Lucas und fährt mit der Zungenspitze an den Lücken entlang. „Ich kann sie schon deutlich spüren."
„Möchte auch Zaunlückenkönig sein!", sagt das Upps auf dem Heimweg und versteht nicht, warum Lucas darüber lacht.

11. Omas dritte Zähne

Als Lucas nach Hause kommt, ist Oma da. Sie hat Kirschen aus ihrem Garten mitgebracht und sein Lieblingsessen gekocht: Reisauflauf mit Kirschkompott. Man riecht es schon im Flur!

Das Upps saust in die Küche. Es hat noch nie Kirschen gesehen. Während Lucas sich die Hände wäscht, rollt es fast die Hälfte der Kirschen aus der Schüssel und lässt sie auf den Boden plumpsen. Dann spielt es Kirschenfußball. Die saftigen, roten Bälle verteilen sich rasch auf dem ganzen Küchenboden, spritzen und zerplatzen. Das Upps quiekt vor Vergnügen. Es mag Matsch.

„Ach du liebe Zeit!", ruft Oma, als sie mit Lucas in die Küche zurückkommt. „Meine schönen Kirschen! Wie konnte das bloß passieren? Ich muss aus Versehen draufgetreten sein. Und was hat da so gequietscht?"

„Keine Ahnung", sagt Lucas verlegen. „Vielleicht war es die Katze von nebenan?"
Lucas holt den Handfeger und kehrt die Kirschenreste auf. Dann erzählt er seiner Oma vom Schulzahnarzt und dass er Zahnlückenkönig geworden ist.
Da lacht Oma und sagt: „Dann bin ich Zahnlückenkönigin!"
„Wieso? Zeig mal! Du hast doch noch alle Zähne drin!", sagt Lucas.
„Das sind meine dritten!", sagt Oma. „Die wachsen nicht mehr, die muss der Zahnarzt anpassen, wenn die zweiten Zähne herausfallen."
„Und warum sind deine Zähne herausgefallen?"
„Weil sie krank waren."
„Hast du die Zähne nicht geputzt?",
fragt Lucas mit vollem Mund.
„Schon", antwortet Oma. „Aber als ich klein war,
hat man nicht so darauf geachtet. Manche Kinder bekamen
sogar ein süßes Betthupferl vor dem Schlafengehn.
Ich lese dir lieber eine Betthupferlgeschichte vor, davon
kriegt man keine Zahnschmerzen!"

12. Das Upps hat Heimweh

Am Nachmittag beim Fußballspielen spürt Lucas den ersten neuen Zahn ganz deutlich! Er scheint stündlich zu wachsen. Nach dem Abendessen nimmt er Papas Rasierspiegel und hält ihn ganz nah an die Lampe, damit er den Zahn auch sehen kann. Ein ganzes Stück spitzt er jetzt schon durch das Zahnfleisch hervor.

Das muss er unbedingt Oma zeigen. Wie schade, dass Papa und Mama bei der Arbeit sind. Oma bewundert den neuen Zahn dafür mehrfach. Als sie wenig später an Lucas' Bett sitzt, liest sie die versprochene Betthupferlgeschichte vor.

„Ich kenn auch eine Geschichte!", sagt Lucas, als Omas Geschichte zu Ende ist. Und dann erzählt er seiner Oma die Geschichte von einem kleinen Monster namens Upps, das auf den Planeten Erde kam, um dort eine Menge zu lernen. Auch das Zähneputzen!

„Ich wusste gar nicht, dass Monster Zähne putzen!", staunt Oma.

„Für Monster sind kräftige Zähne besonders wichtig. Wer fürchtet sich schon vor einem zahnlosen Monster?", sagt Lucas.

„Ein Monster muss Biss haben", krächzt das Upps und nickt zustimmend mit dem Zottelkopf.

„Was hast du gesagt?", erkundigt sich Oma.

„Ein Monster kann schließlich kein Gebiss haben", sagt Lucas rasch.

Das Upps hat beim Zahnarzt sehr genau aufgepasst. Es ist fest entschlossen, das Zähneputzen nach seiner Rückkehr auf dem Planeten Maxnix einzuführen.

„Ich glaub, ich muss zurück zum Maxnix! Mein Schulzahn wackelt!", sagt das Upps in der nächsten Vollmondnacht. Es hat ziemlich Heimweh und kann es gar nicht erwarten, nach Hause zu kommen und in der Schule der kleinen Monster zu erzählen, was es diesmal bei seinem Besuch auf der Erde gelernt hat.

„Kommst du wieder?", fragt Lucas. „Du wirst mir fehlen!"

„Klar komm ich wieder! Ich glaub, ich kann auf dem Planeten Erde noch eine Menge interessanter Sachen entdecken!"

13. Das Upps fliegt nach Hause

„Ich hab schon befürchtet, dass du eines Tages wieder nach Hause fliegst", seufzt Lucas.
„Deshalb hab ich ein Geschenk für dich gebastelt. Es soll dich an Zahnprinzessinnen,
Zahnlückenkönige und Zahnteufelchen erinnern."
„Was ist es?", erkundigt sich das Upps neugierig.
„Es ist in dieser Schachtel", antwortet Lucas. „Aber du darfst sie erst aufmachen,
wenn du auf dem Maxnix angekommen bist. Versprochen?"
„Ich platze fast vor Neugierde", gesteht das Upps.
„Es ist ein Spiel. Mehr verrat ich nicht!" Lucas packt das Geschenk in einen kleinen
Puppenrucksack und schnallt ihn dem Upps um. „Wenn du das nächste Mal kommst,
können wir es vielleicht zusammen spielen."
„Der Mond kommt übers Dach. Ich muss los!", seufzt das Upps. „Bis zum nächsten Mal!
Es war wieder sooo schön bei dir! Aber bitte, mach jetzt das Fenster auf."
Der Vollmond schickt einen breiten Lichtstreifen auf die Fensterbank.
„Auf Wiedersehn, Lucas!", ruft das Upps und schnauft aufgeregt.
Dann schnappt es sich Lucas Zahnbürste und reitet darauf in die Nacht hinaus,
wie auf einem Zauberbesen.

So sieht das Spiel aus, das Lucas für das Upps gebastelt hat:

15. Das Zahnteufelchenspiel

*Natürlich war ich schrecklich neugierig, was in der Schachtel war, die mir Lucas zum Abschied geschenkt hat. Es war ein Zahnteufelchenspiel drin, das Lucas für mich gebastelt hat.
Ich hab mich wahnsinnig darüber gefreut. Ich kann mir vorstellen, dass ihr es auch gern spielen werdet. Deshalb hab ich die Spielregeln für euch aufgeschrieben. Vorsicht: Man kann sich teuflisch dabei ärgern!*

Das ist die Geschichte
Oben links auf dem Spielplan seht ihr das Schloss der Zahnfee. Alle Zahnlückenkönige und Zahnprinzessinnen, die die Fee besuchen wollen, müssen den gefährlichen Weg durch das Zahnteufelgebirge zurücklegen. Gefahren lauern überall! Freut euch auf die grünen Rastplätze. Aber bei den schwarzen und roten Punkten wird es ganz schön gefährlich. Kariesteufelchen lauern überall! Vor allem im Lolliwald und in den Kandiszuckerbergen.

Das sind die Regeln

Start ist im Zauberwald. Es wird reihum gewürfelt und je nach Augenzahl vorgerückt. Wer zuerst im Schloss der Zahnfee ist, hat gewonnen. Aber bis dahin kann allerhand passieren.

 Rote Ärger-Dreiecke
Zahnteufelchen ärgern dich. Geh sofort 5 Felder zurück.

 Schwarze Höllen-Punkte
Du bist in der Zahnteufelhölle, denn du hast zu viele Süßigkeiten genascht und dir hinterher nicht die Zähne geputzt. Setze einmal aus.

 Grüne Super-Punkte
Deine Zähne sind gut in Schuss! Rücke vor bis zum nächsten Zahnarzt. Der lobt dich über den grünen Klee, und du darfst zur Belohnung noch einmal würfeln.

Inhaltsverzeichnis

1.	Das Upps ist wieder da	2
2.	Das Upps will Schulzähne haben	4
3.	Baby Annas neuer Zahn	6
4.	Der Wackelzahn	8
5.	Das Upps lernt Zähneputzen	10
6.	Von Naschkatzen und Lückenputzern	12
7.	Von fiesen Zahnteufelchen	14
8.	Der Schulzahnarzt kommt	16
9.	Vom richtigen Zähneputzen	18
10.	Lucas wird Zahnlückenkönig	20
11.	Omas dritte Zähne	22
12.	Das Upps hat Heimweh	24
13.	Das Upps fliegt nach Hause	26
14.	So sieht das Spiel aus, das Lucas für das Upps gebastelt hat	28
15.	Das Zahnteufelchenspiel	30

Bibliografische Information der Deutschen Bibliothek

Die Deutsche Bibliothek verzeichnet diese Publikation in der Deutschen Nationalbibliografie; detaillierte bibliografische Daten sind im Internet über http://dnb.ddb.de abrufbar.

Außerdem erhältlich:
Upps, benimm dich!
Das vergnügte Benimmbuch für Kinder
ISBN 3-7607-1407-2

Für zahnmedizinisches Lektorat dankt der Verlag
Frau Dr. Brigitte Schmidtner.

© 2005 arsEdition GmbH, München
Alle Rechte vorbehalten
Text: Ursel Scheffler
Illustrationen: Jutta Timm
ISBN 3-7607-1444-7

www. arsedition.de